Toraji Ishibe Daisaburo Okumoto

JE SUIS UNE COCCINELLE

Illustrations de Toraji Ishibe

ARCHIMÈDE
l'école des loisirs
11, rue de Sèvres, Paris 6e

Sur la feuille,
il y a une coccinelle
dans sa chrysalide.
Pour l'instant, elle dort.

«J’en ai assez de cette carapace. Je sors!»
«Tiens, une coccinelle», dit la fourmi.

«Une coccinelle?»
«Mais oui», dit la fourmi. «Tu es une coccinelle.»
«Ah bon, je ne savais pas», dit la coccinelle.

«Bonjour tout le monde,
je suis une coccinelle.»

«Un bébé coccinelle», disent les fourmis. «Est-ce que tu es capable de monter jusqu'ici?»

«Bien sûr!»

«Regardez
comme je suis haut!» dit
la coccinelle.

«C'est vrai», dit
une des fourmis. «Mais
où tu vas comme ca?»

PARKSVILLE ELEMENTARY SCHOOL
FRENCH IMMERSION S.D. #69

«Je vais voir», dit la coccinelle. «Ho-hisse!»

«Salut, je suis une coccinelle.»
«Monte un peu plus haut, coccinelle», dit la sauterelle. «Il y a une très belle vue.»
«Oui, oui», dit le bourdon. «Viens voir!»

«Mais regardez jusqu'où est montée la petite coccinelle», dit la fourmi.

«Elle est vraiment courageuse», dit le bourdon.

«Attendez, je n'ai pas fini», dit la coccinelle. «Je vais monter jusqu'à ces fleurs, et même plus haut.»

«Tiens», dit la coccinelle. «Il y a une fleur qui vole!»

«Ha! ha! ce n'est pas une fleur», dit la fourmi. «C'est un papillon!»

«Mais... Regarde, fourmi», dit la coccinelle. «J'ai des ailes! J'ai des ailes!»

«Je vais aller dire bonjour au soleil.»

«Mais ne te brûle pas,
petite coccinelle», dit la fourmi.

«Regarde, soleil, je suis une coccinelle!»